AF563742

ÉLOGE

DE

M. LE GENTIL.

ÉLOGE

DE M. LE GENTIL,

Membre de l'Académie royale des Sciences de Paris;

PAR J.-D. CASSINI.

PARIS,

DE L'IMPRIMERIE DE D. COLAS,

Rue du Vieux-Colombier, N° 26, faubourg Saint-Germain.

1810.

ÉLOGE
DE M. LE GENTIL.

Guillaume-Joseph-Hyacinthe-Jean-Baptiste Le Gentil naquit à Coutances, le 12 septembre 1725. Son père, gentilhomme de Normandie peu fortuné, sut cependant faire des sacrifices pour lui procurer une bonne éducation. Il voulut assurer à son fils le seul héritage qui fut dans tous les tems à l'abri des caprices du sort, et avec lequel celui qui sait le faire valoir n'éprouve jamais le besoin, parvient souvent à l'aisance et quelquefois même à la fortune.

Après avoir fait ses premières études à Coutances, le jeune Le Gentil quitta sa province et vint à Paris. Ne sachant d'abord à quelle carrière il devait préférablement se livrer, il commença par étudier la théologie et prit l'habit ecclésiastique. On sait qu'autrefois ce costume donnait bien des priviléges dont on abusait fréquemment : mais celui qui, en le portant, voulait et savait en conserver la décence et la dignité, en retirait de véritables avantages; il était toujours sûr alors de s'attirer un certain respect et des égards qui le plaçaient souvent au-dessus de son rang et de sa fortune. Au reste, M. Le Gentil ne garda l'habit d'abbé que jusqu'au moment où le titre de savant lui procura une considération et une existence moins équivoques.

L'abbé Le Gentil, en poursuivant son cours de théologie, eut la curiosité de venir quelquefois au Collége royal entendre le célèbre professeur Delisle. Les leçons d'astronomie firent tort bientôt à celles de théologie. Le jeune homme trouva beaucoup plus agréable d'employer les soirées à observer le ciel, que de passer une partie de la journée sur les bancs de l'école à disputer sur de vains argumens. Il continua son nouveau cours, et se fit distinguer de son illustre professeur dont il sut mériter les bontés. Un de ses amis lui ayant proposé de le mener à l'Observatoire et de le présenter à MM. Cassini, il saisit avec empressement l'occasion de former une liaison si profitable à son goût naissant pour la science des astres.

Jacques Cassini, âgé alors de 71 ans, et doyen des astronomes de l'Académie, le reçut avec cette aménité, cette bonté patriarchale qui touchent et gagnent si facilement le cœur d'un jeune homme. Le vieillard regardait comme ses enfans tous ceux qui voulaient s'adonner à l'astronomie. Instruit des dispositions du jeune Le Gentil, il lui proposa de venir s'exercer à l'Observatoire sous la direction de Cassini de Thury son fils, et de Maraldi son neveu, déjà membres de l'Académie des Sciences. La proposition avait été, pour ainsi dire, acceptée d'avance; car on l'avait pressentie, et elle avait été le but secret de la visite. Le jeune Le

Gentil, s'étant montré très-assidu à l'Observatoire, y obtint bientôt un logement, et s'y consacra entièrement à l'étude du ciel.

En peu d'années, le nouvel astronome se rendit familiers l'usage des instrumens, les observations les plus délicates, et les calculs les plus difficiles. Son zèle et ses connaissances acquises lui ouvrirent les portes de l'Académie des Sciences : il y fut reçu en 1753, et justifia bientôt sa nomination par un grand nombre de Mémoires sur différens points d'astronomie qu'il traita avec beaucoup de sagacité. Quelques années après, en 1760, il se présenta une occasion brillante de témoigner un grand zèle et un beau dévouement pour les sciences ; M. Le Gentil ne la laissa point échapper.

L'époque approchait de ce premier passage de Vénus sur le soleil, si long-tems attendu, et qui devait enfin décider une grande question sur la parallaxe et sur la distance des planètes. Cette détermination d'un des points les plus importans du système du monde occupait depuis des siècles les astronomes peu d'accord entre eux. Ptolémée avait supposé la parallaxe du soleil de 2 minutes 56 secondes; Riccioli, de 28 secondes seulement; Halley la faisait de 25 secondes, et Dominique Cassini la réduisait à 9 secondes et demie ou 10 secondes au plus. Les discussions que ces différentes opinions avaient occasionnées, l'attente et l'annonce éclatante de ce fameux passage, qui devait, comme un oracle, prononcer sans appel entre des hommes célèbres, avaient fini par attirer l'attention générale, tant des savans que de ceux qui ne l'étaient pas; car on voit quelquefois l'ignorance elle-même prendre intérêt à des questions qu'elle ne comprend point, ou dont elle ne démêle pas trop l'importance; mais le bruit et le cas qu'elle en voit faire aux autres la déterminent à y prendre part. D'ailleurs, malgré qu'il fût assez indifférent pour bien des personnes que le soleil se trouvât plus près ou plus loin de nous de quelques millions de lieues, c'était toujours à leurs yeux une entreprise très-singulière et fort curieuse que celle de mesurer cette distance et de prétendre l'assigner, ainsi que l'annonçaient les astronomes. Tout le monde parut donc s'intéresser aux préparatifs des voyages qui allaient être exécutés par des savans de toutes les nations, pour aller en différens points du globe observer le passage de Vénus sur le disque du soleil, qui devait avoir lieu le 6 juin 1761. On sut le plus grand gré aux hommes courageux qui se dévouèrent à ces courses lointaines; et l'on forma pour leurs succès des vœux aussi ardens que ceux qui accompagnèrent autrefois le départ et l'expédition des Argonautes.

Une telle faveur publique était bien faite pour exciter l'émulation d'un ami de la gloire : mais il n'en fallait pas tant pour enflammer le zèle d'un savant qui n'a communément devant les yeux d'autre but que le progrès des sciences, et d'autre récompense que des découvertes utiles. M. Le Gentil, animé de ces sentimens, brigua et obtint l'honneur d'être du nombre des voyageurs proposés par l'Académie et nommés par le Gouvernement. L'abbé Chappe fut destiné pour la Sibérie; l'abbé Pingré, pour l'île Rodrigue; Mason, pour le Cap de Bonne-Espérance, et Le Gentil, pour Pondichéri.

Il partit le 26 mars 1760. Il était prudent de s'y prendre de bonne heure : un grand éloignement et un long trajet de mer exigeaient d'accorder une grande latitude aux évènemens et aux retards qu'on peut éprouver dans un pareil voyage. La traversée fut très-heureuse jusqu'à l'Isle-de-France où notre académicien arriva le 10 juillet; mais, en descendant à terre, il apprit que la guerre, allumée entre la France et l'Angleterre, ne lui permettrait probablement pas de se rendre à Pondichéri; car on n'avait point encore eu la belle idée de former ce pacte, établi de nos jours, à la faveur duquel le paisible savant, ami de tous les hommes, parcourt l'univers et ne trouve partout que sûreté, accueil et protection, au milieu même des guerres les plus animées, au travers des combattans les plus acharnés à se détruire, et dont il a le bonheur de suspendre un instant les fureurs.

Aucune occasion, aucun bâtiment ne se présentait pour transporter M. Le Gentil aux Indes. Fort embarrassé de sa position, notre académicien eut l'idée de passer à l'île Rodrigue. Il se préparait à y aller faire son établissement, lorsqu'un aviso, arrivé de France vers le milieu de février 1761, avec des ordres très-pressans, donna lieu d'expédier sans délai une frégate pour Pondichéri. Notre voyageur crut bien faire en saisissant une si belle occasion, d'autant qu'on l'assura qu'il ne fallait que deux mois dans la saison la plus défavorable, pour se rendre de l'Isle-de-France à la côte de Coromandel. Il s'embarqua donc le 11 mars sur la frégate *la Sylphide*, avec l'espérance d'arriver au plus tard au milieu du mois de mai. Malheureusement, toujours contrariée par les calmes et les folles ventes de la mousson du nord-est, *la Sylphide*, errant pendant cinq semaines dans les mers d'Afrique, d'Arabie et le long de la côte d'Ajan, ne se trouva devant Mahé, à la côte de Malabar, que le 24 mai; là, pour comble de malheur, on apprit que Mahé et même Pondichéri venaient de tomber au pouvoir des Anglais. Il fallut, au grand regret de M. Le Gentil, retourner à toutes voiles à l'Isle-de-France. Ce ne fut donc que chemin faisant, en pleine mer, et de dessus le pont mal assuré d'une mobile frégate, que notre astronome eut le triste loisir, non d'observer, mais d'apercevoir le 6 juin le passage de Vénus sur le soleil; car on devine aisément que ce n'était pas d'un Observatoire aussi peu solide qu'on pouvait observer avec la précision requise un phénomène dont on se proposait de tirer des résultats si importans. Le beau tems qui régnait ce jour-là ne fit qu'augmenter les regrets du malheureux astronome, à qui il ne resta que la douleur d'avoir fait inutilement plusieurs milliers de lieues.

Mais non : le simple curieux et le voyageur peu instruit, qui n'ont qu'un but, risquent sans doute de perdre souvent leurs pas. Il n'en est pas de même du savant et de l'observateur éclairé qui trouvent en tout tems, en tous lieux, mille occasions de satisfaire leurs regards, de faire des découvertes et de tirer profit de leurs voyages. Il n'est jamais pour eux de courses inutiles ni perdues. C'est, dans cette occasion, ce qui dut procurer à M. Le Gentil une véritable consolation.

Des observations précieuses sur les vents alisés, sur les moussons, les courans et les marées; la description des différentes routes et des plus courts trajets à faire sur les mers des Indes; l'étude des mœurs, des usages et des sciences des Indiens, peuple si peu connu; tout, dans cette partie de l'ancien monde, n'offrait-il pas à notre académicien la plus abondante moisson de recherches utiles à son pays, et bien capables de dédommager amplement les autres et lui-même du peu de succès qu'il avait obtenu sur le principal objet de son voyage? Cette pensée, sans doute, lui inspira le grand projet qu'il conçut et le noble sacrifice auquel il se détermina. Se trouvant tout porté dans les Indes, et un second passage de Vénus devant s'y renouveler à huit années de là, il prit sur-le-champ son parti. Résigné à un long exil hors de ses foyers, et faisant un nouvel adieu à sa patrie, à ses amis, à sa famille, il résolut d'attendre dans l'Inde le second passage de Vénus, qui ne devait avoir lieu que le 3 juin 1769. Quel courage! Quelle abnégation de ses goûts, de ses habitudes, de sa tranquillité, auxquels un savant est peut-être plus attaché que tout autre! M. Le Gentil, trop plein de son objet, ne se douta pas heureusement que la calomnie pourrait chercher à dénaturer ses motifs, à présenter sous de fausses couleurs son généreux dévouement. Il est partout, et dans tous les tems, de ces cœurs jaloux, de ces esprits chagrins, que les belles actions affligent, que les vertus blessent, et que les meilleures intentions trouvent toujours incrédules. On accusa le savant de ne rester aux Indes que pour y faire le commerce et s'y enrichir. On n'eut pas tout-à-fait tort : car nous conviendrons que pendant les dix années de son séjour en Asie, il y amassa le plus riche trésor d'observations astronomiques, physiques et politiques dont à son retour il composa des Mémoires très-précieux, qu'il a publiés en deux gros volumes in-4°. La rédaction de cet ouvrage fut la jouissance et l'occupation de la plus grande partie du reste de sa vie. Voilà les seules, mais véritables richesses que M. Le Gentil rapporta de ses voyages, pour ne point démentir tout-à-fait ses calomniateurs.

Nous n'entreprendrons point de suivre notre voyageur dans toutes les excursions qu'en attendant le second passage de Vénus, il fit à plusieurs reprises aux îles de France, de Bourbon, de Rodrigue et de Madagascar, aux Philippines, à Manille et à la côte de Coromandel. Il nous suffira de dire sommairement que les nombreux détails qu'il a donnés sur ces différentes contrées sont du plus grand intérêt et de la plus exacte vérité. Il a beaucoup ajouté aux connaissances que nous en avaient données des voyageurs trop peu éclairés ou qui n'y avaient jeté qu'un coup-d'œil superficiel. Enfin, il a étendu ses recherches sur tout ce qui pouvait contribuer à la perfection de la physique, de la navigation et de l'histoire. Mais sur quoi nous appuierons davantage, ce dont les astronomes lui doivent savoir plus de gré, c'est la connaissance toute nouvelle qu'il nous a rapportée du zodiaque des Indiens et de l'astronomie des Brames, dont il s'est procuré les tables pour le calcul des éclipses, avec la manière d'en faire usage.

Ce ne fut pas sans beaucoup de patience, de travail et d'adresse, que notre astronome parvint à arracher le secret de ces hommes d'autant plus jaloux de leurs connaissances, qu'ils sont peu capables de les apprécier et d'en faire la comparaison avec celles des étrangers qu'ils regardent comme des ignorans. M. Le Gentil s'abaissa jusqu'à devenir pendant plusieurs mois l'écolier d'un Brame bouffi d'orgueil, qui ne cherchait, comme les empiriques, qu'à faire parade de son savoir, à l'amuser et à le tromper. Il ne faisait jamais devant lui, qu'avec une promptitude extrême, des opérations dont il ne donnait ni la clé, ni l'explication : mais notre voyageur, à force de voir opérer le Brame et en consultant un Talmout de bien meilleure volonté, qui avait reçu de ces mêmes docteurs dont il parlait la langue, des notions de pratique assez étendues, parvint enfin à deviner une grande partie de ce qu'on voulait lui cacher, de sorte que, au bout de quelques mois, l'astronome français, le membre de l'Académie des Sciences de Paris, fut en état de calculer assez facilement une éclipse à la manière indienne. Il réussit même à dévoiler avec une grande sagacité la charlatanerie de certains nombres mystérieux dont les calculateurs indiens enveloppent leurs opéations, peut-être sans malice; car il y a fort à croire que les Brames d'aujourd'hui n'opèrent souvent que machinalement, sans trop savoir ce qu'ils font, mais d'après des règles dont ils n'ont que la tradition et la routine.

Il résulte des recherches de M. Le Gentil sur l'astronomie indienne, que cette science, toute imparfaite qu'elle est dans l'Indostan, mais supérieure encore à celle que nos missionnaires trouvèrent à leur arrivée en Chine, vient de la Chaldée. L'auteur développe dans une dissertation particulière cette conformité ou cette ressemblance de l'astronomie des Brames modernes avec celle des anciens Chaldéens. Ces Brames, selon lui, ont tiré probablement toutes leurs connaissances des anciens Brachmanes, et ceux-ci des Chaldéens. Mais les Brames de nos jours n'ajoutent rien à ce qui leur a été transmis. Toutes leurs observations se réduisent à celles des éclipses et de la longueur de l'ombre des gnomons. Il paraît que les anciens astronomes indiens connaissaient mieux qu'Hipparque et Ptolémée la longueur de l'année solaire. Ils faisaient le mouvement des étoiles en longitude de 54 secondes par an. Ils distinguaient l'apogée et le périgée du soleil. Selon eux, la durée totale du monde, partagée en quatre âges, doit être de quatre millions trois cent vingt mille ans; ce nombre exagéré, à en juger par celui qui exprime la durée des âges déjà passés, semble d'abord n'être que le produit d'une imposture grossière et ridicule; mais, à l'aide d'une scrupuleuse attention et d'une grande sagacité, M. Le Gentil est parvenu à découvrir que ce n'est ici qu'une combinaison de révolutions de l'équinoxe, et que ces quatre âges de la durée du monde, dont les Indiens d'aujourd'hui parlent avec tant d'emphase, ne sont que des périodes astronomiques du mouvement des étoiles en longitude que l'on peut faire varier et remonter à l'infini. L'auteur explique aussi d'une manière non moins ingénieuse et naturelle comment on doit entendre cette longue durée de quatre cent trente-deux mille ans du règne de ces dix rois que les Chaldéens prétendent avoir précédé le déluge. Toutes ces fameuses autorités dont s'appuyent les partisans de la grande antiquité du monde, et sur-tout ceux qui prennent à tâche de renverser la chronologie des livres saints, se trouvent de jour en jour annulées, confondues, et elles se dissipent devant le flambeau de la critique impartiale et judicieuse des astronomes de bonne foi. C'est ainsi qu'il appartient à la plus belle, à la plus ancienne des sciences, de déposer en faveur de la plus auguste et de la plus ancienne des religions, et de lui rendre une justice et un hommage éclatans.

Le zodiaque, qu'a rapporté M. Le Gentil, porte le cachet d'une grande antiquité par sa division en 27 constellations, laquelle, étant réglée sur le mouvement de la lune, est la plus naturelle et sans doute la première qui ait eu lieu.

Nous n'en dirons pas davantage sur les discussions savantes, sur les recherches curieuses et sur les nombreuses observations astronomiques et physiques dont est remplie la collection des Mémoires qui composent la relation imprimée de M. Le Gentil. C'est en s'occupant d'amasser les matériaux de ce grand ouvrage que notre académicien charmait ses ennuis et l'impatience qu'il avait de voir arriver le second passage de Vénus. Ses calculs lui avaient fait connaître que pour le lieu de cette observation, il devait donner la préférence aux Philippines ou aux îles Mariannes. Il se rendit à cet effet à Manille dès le mois d'août 1766 : mais une lettre qu'il y reçut de France lui ayant appris qu'on trouvait qu'il allait trop loin et que l'on désirait qu'il revînt à la côte de Coromandel, il se décida pour Pondichéri, non sans peine, car la beauté du climat de Manille lui avait inspiré beaucoup de confiance pour le succès de l'observation dans ce lieu. Il arriva à Pondichéri à la fin de mars 1768, plus d'un an avant l'époque du passage. Il eut donc tout le loisir de s'y préparer. Rien ne lui manqua ; un Observatoire solide et bien disposé lui procura toutes les commodités qu'il pouvait désirer : mais, par une fatalité qui semblait le poursuivre, le tems serein, qui avait régné tout le mois de mai et s'était prolongé jusqu'au 3 juin 1769, cessa le jour même où il en avait le plus besoin. Un coup de vent s'éleva de très-grand matin, le ciel fut couvert constamment pendant toute la durée du passage de Vénus ; il s'éclaircit une demi-heure après ; le reste de la journée et les jours suivans il fit le plus beau tems du monde. Cela eut lieu tout le long de la côte, de sorte qu'à Madras les Anglais perdirent aussi leurs préparatifs. Pour comble de regrets, M. Le Gentil apprit bientôt qu'à Manille, qu'il avait quittée presque malgré lui, le ciel avait été très-favorable. Deux de ses amis, qu'il avait précédemment formés aux observations, et qu'en partant il avait munis de toutes les instructions nécessaires, avaient parfaitement réussi à observer le passage de Vénus. M. Le Gentil a rapporté dans son ouvrage cette importante observation, dont on lui est certainement redevable en grande partie.

Il était bien naturel que notre académicien, ayant encore manqué ce second passage, qui ne devait plus se renouveler qu'au bout d'un siècle, désirât retourner en Europe le plus tôt possible : mais il était destiné à éprouver toutes sortes de contrariétés. Il tomba sérieusement malade, de fatigues sans doute, peut-être aussi de chagrin. Il fallut donc retarder son départ jusqu'au printems de l'année suivante. Il partit même alors sans être encore parfaitement rétabli; mais, dans l'impatience où il était de regagner sa patrie, comment ne pas profiter d'un vaisseau qui retournait en Europe? Arrivé à l'Isle-de-France, il ne put continuer sa route et fut forcé de rester long-tems dans cette relâche pour y soigner sa santé fort délâbrée. Lorsqu'elle fut entièrement remise, on lui proposa une nouvelle excursion à l'île d'Otaïti. Il s'y refusa; car, ainsi qu'il l'avoue lui-même, il commençait à se dégoûter des voyages. Ce dégoût était sans doute bien pardonnable au bout de dix ans d'allées et de retours sur les mers des Indes.

M. Le Gentil ne retrouva d'occasion de s'embarquer pour la France que le 19 novembre 1770. Au bout d'une douzaine de jours de route, accueilli d'un coup de vent épouvantable, le vaisseau qui le portait, après avoir eu la barre de son gouvernail rompue, et presque tous ses mâts abattus, eut mille peines à regagner l'Isle-de-France, où il arriva faisant eau de toute part. On peut juger du chagrin de notre voyageur. A ce nouveau contre-tems se joignirent des tracasseries suscitées par des gens dont il ne devait pas en attendre, et qui ne lui permirent de se remettre en mer pour la dernière fois qu'à la fin de mars suivant, sur une frégate espagnole. Il arriva enfin à Cadix le 1er août 1771. Fatigué autant qu'ennuyé des trajets de mer, il se rendit à Paris par terre, et ne se retrouva dans ses foyers qu'au bout de onze ans et demi d'absence.

Comme il s'était déjà passé deux années depuis le dernier passage de Vénus sans que l'on vît revenir M. Le Gentil, on était assez généralement persuadé qu'il était mort. Ses héritiers sur-tout se l'étaient imaginé, même depuis plusieurs années, et voulaient agir en conséquence. Averti par le fondé de pouvoir qu'il avait laissé, M. Le Gentil avait écrit plusieurs fois de l'Inde pour suspendre le partage trop prématuré de sa succession : mais le procureur ne montrait point ses lettres, il voulait que l'on crût l'existence de son client sur sa seule parole, et il s'amusait à batailler avec les avides héritiers, dont les espérances et les prétentions croissaient de jour en jour d'après le long silence des papiers publics qui avaient parlé de tous les observateurs en route, hors de M. Le Gentil. Il était donc très-instant que le nouvel arrivé se rendît dans son pays pour confirmer sa résurrection d'un manière authentique. Au moment où il s'y disposait, une fièvre maligne vint l'arrêter. Grâces aux soins et à l'habileté de M. Bourdelin son confrère à l'Académie, il échappa à ce nouveau danger.

A peine fut-il guéri, qu'il s'empressa d'aller manifester son existence au milieu de ses compatriotes. On n'y crut que lorsqu'on le vit. Ses parens parurent renoncer de bon cœur, pour le moment, à leurs prétentions; mais le procureur normand en éleva d'autres à son tour, qui ne furent pas si faciles à écarter. Compte fait de la recette et de la dépense, ainsi que des doubles honoraires qu'il s'adjugea pour une gestion de plusieurs années, il lui restait encore des deniers à restituer : mais lorsqu'il fut question de réaliser cette fin de compte, il se trouva, par l'évènement le plus inattendu, que le procureur venait d'être volé tant de son argent que de celui de M. Le Gentil; c'est du moins ce qu'il déclara et ce qu'il soutint devant le présidial où il avait évoqué la citation qui lui avait été faite pardevant le sénéchal, afin d'éviter les chances d'un appel. On n'était pas d'abord très-disposé à lui donner raison; mais il retourna tellement l'affaire et fit si bien, qu'il finit par avoir gain de cause. On jugea que M. Le Gentil avait été bien volé; il perdit son argent et fut condamné aux dépens. Il n'en pouvait être autrement, car la lutte n'était pas égale entre un simple savant et un habile procureur de Coutances.

Notre académicien, de retour à Paris, y avait rapporté une très-mauvaise opinion des procureurs, des juges, mais non des dames de son pays; car il y avait fait connaissance d'une demoiselle fort aimable, dont la famille était déjà depuis long-tems liée avec la sienne. Dégoûté des voyages et des affaires, M. Le Gentil résolut de vivre désormais à l'Observatoire dans le plus parfait repos de corps, et seulement occupé de mettre en ordre ses Mémoires et de rédiger la relation de ses différentes courses dans les Indes : mais voulant tempérer l'austérité de la retraite et de l'étude par les charmes d'une société douce et d'une tendre union, il prit le parti de se marier et de demander la main de la jeune personne qu'il avait vue à Coutances. Il était tems, vu son âge, de songer à un établissement. Les savans, à la vérité, ne sont jamais très-pressés de former des nœuds qui effarouchent toujours un peu leur liberté, ou, si l'on veut, leur indépendance : mais il vient un tems où un certain vide se fait sentir à l'homme le plus occupé de méditations et de pensées profondes.

Il commence alors à reconnaître qu'après avoir si long-tems satisfait son esprit, il est bien juste d'accorder quelque chose à son cœur; car, il faut en convenir, *savoir* est un plaisir de l'être intelligent, mais *aimer* est un besoin de l'être sensible. Il se persuade enfin qu'un bon ouvrage peut bien faire la réputation d'un auteur, mais que des enfans aimables, vertueux, bien élevés, font à coup sûr l'espérance et la félicité d'un père. Ces réflexions, sans doute, déterminèrent M. Le Gentil à contracter un mariage qui lui procura tout ce qu'il en avait attendu. Une fille, unique fruit de cette heureuse union, devint l'objet de ses plus tendres affections. Il se plut à former et à instruire lui-même son enfance. La jeune personne répondit à ses soins et se réunit à sa vertueuse mère pour faire oublier à son père les grandes fatigues, les dangers et les contre-tems inséparables de la vie errante et agitée qu'il avait menée.

M. Le Gentil, dans son long exil, avait éprouvé des chagrins de tous les genres ; un de ceux auxquels il avait été le plus sensible fut celui d'apprendre que l'Académie avait douté comme les autres de son retour, et qu'en conséquence elle lui avait donné la vétérance : mais à peine fut-il arrivé qu'on lui fit reprendre son rang; cette justice lui était due. Il n'en témoigna pas moins toute sa reconnaissance en redoublant de zèle et en faisant succéder à son grand ouvrage une infinité d'excellens Mémoires dont il n'a cessé d'enrichir les volumes de l'Académie. Les années qui s'écoulèrent après son retour furent pour lui, malgré ses travaux prolongés, une vie de repos et de bonheur, ainsi qu'il nous l'assure lui-même dans un de ses écrits. Il n'est sans doute que des êtres privilégiés qui puissent en dire autant de la fin de leur carrière. A la vérité, la vieillesse est sur ce point plus facile à satisfaire et à contenter que la jeunesse, qui désire toujours, et n'a jamais assez de plaisirs et de jouissances : mais la tranquillité et l'absence des maux, voilà ce qui suffit à la félicité des derniers tems de notre vie.

Un tempérament robuste, que les voyages avaient plutôt fortifié qu'affaibli, exemptait M. Le Gentil de toute infirmité et lui eût procuré de plus longues années, si une maladie vive ne l'eût enlevé au mois d'octobre 1792. Il n'était âgé que de 67 ans; mais la mort, en abrégeant ainsi ses jours, lui épargna au moins le spectacle des grands orages qui allaient éclater, et de la destruction de l'Académie des Sciences qui, certainement, aurait troublé cette paix et ce bonheur dont il se vantait de jouir. Sa figure ne prévenait point en sa faveur; mais, animée par la conversation, elle prenait une expression d'esprit et d'originalité qui plaisait. Dans ses voyages sur mer il avait contracté un peu de sauvagerie et de brusquerie, mais sans rudesse; car dans l'intimité il était gai, aimable et doux. Enfin, pour achever de le peindre, nous dirons qu'il fut bon confrère, très-bon mari, et excellent père.

Sa place à l'Académie n'a point été remplie. En 1793, il ne fut plus question de nommer aux Académies, on s'occupa de les supprimer.

www.ingramcontent.com/pod-product-compliance
Lightning Source LLC
LaVergne TN
LVHW020306230826
846091LV00006B/2551

* 9 7 8 2 0 1 2 8 6 7 2 8 4 *